BEI GRIN MACHT SICH IHR WISSEN BEZAHLT

- Wir veröffentlichen Ihre Hausarbeit, Bachelor- und Masterarbeit

- Ihr eigenes eBook und Buch - weltweit in allen wichtigen Shops

- Verdienen Sie an jedem Verkauf

Jetzt bei www.GRIN.com hochladen und kostenlos publizieren

Elisabeth Wolf

Die Ausstattung zukünftiger Hofdamen am Beispiel der Anna Maria von Thurn und Valsassina

GRIN Verlag

Bibliografische Information der Deutschen Nationalbibliothek:

Die Deutsche Bibliothek verzeichnet diese Publikation in der Deutschen National-
bibliografie; detaillierte bibliografische Daten sind im Internet über http://dnb.d-
nb.de/ abrufbar.

Impressum:

Copyright © 2013 GRIN Verlag GmbH
Druck und Bindung: Books on Demand GmbH, Norderstedt Germany
ISBN: 978-3-656-43980-6

Dieses Buch bei GRIN:

http://www.grin.com/de/e-book/214063/die-ausstattung-zukuenftiger-hofdamen-
am-beispiel-der-anna-maria-von-thurn

GRIN - Your knowledge has value

Der GRIN Verlag publiziert seit 1998 wissenschaftliche Arbeiten von Studenten, Hochschullehrern und anderen Akademikern als eBook und gedrucktes Buch. Die Verlagswebsite www.grin.com ist die ideale Plattform zur Veröffentlichung von Hausarbeiten, Abschlussarbeiten, wissenschaftlichen Aufsätzen, Dissertationen und Fachbüchern.

Besuchen Sie uns im Internet:

http://www.grin.com/

http://www.facebook.com/grincom

http://www.twitter.com/grin_com

Die Ausstattung zukünftiger Hofdamen am Beispiel der Anna Maria von Thurn und Valsassina

Inhaltsverzeichnis

1. Einleitung

„Für das repräsentative Auftreten am Hof waren außerdem gewisse körperlich-ästhetische Qualitäten gefragt: Schönheit, Anmut, richtiges Bewegen, Geschmack bezüglich Kleidung, Frisur und Schmuck"[1]. Christa Diemel beschreibt mit diesem Zitat die Eigenschaften, die eine Hofdame mit an den Hof bringen musste, um dort aufgenommen zu werden. Die zukünftigen Hofdamen brachten einen gewissen Anteil an der Ausstattung bereits mit an den Hof. Wie diese Ausstattung aussah, soll in dieser Arbeit am Beispiel der Anna Maria von Thurn und Valsassina erläutert werden.

Die Quelle befindet sich im Aufsatz „Das Österreichische Frauenzimmer", der von Beatrix Bastl geschrieben wurde und im Buch „Die Frau bei Hofe in Spätmittelalter und Früher Neuzeit"[2] veröffentlicht ist.

Zur Literaturlage lässt sich sagen, dass obwohl die Beschäftigung mit dem Thema „Frauen im Mittelalter" sich in den letzten Jahrzehnten intensiviert hat, die Literaturlage zum Thema „Hofdamen" trotzdem weiterhin schlecht ist[3]. Dies bezieht sich sowohl auf Monografien, Aufsätze und auch auf Lexikoneinträge.

Die grundlegendsten Themen wie z.B. die Heirat der Hofdamen oder deren Alltag sind weitestgehend erforscht. Darüber hinaus findet sich aber kaum Literatur.

Im Hauptteil der Arbeit wird zunächst die Quellengattung thematisiert. Damit verbunden wird der Inhalt der Quelle sowie der historischen Hintergrund skizziert und dabei auf die Personen und das Inventar eingegangen.

Dem schließt sich die Darstellung der Ausstattung an, welche in die Bestandsrubriken unterteilt wird. Das bedeutet, dass zunächst der Schmuck, dann die Kleidung sowie zuletzt das Geschirr mit den Gebrauchsgegenständen für den täglichen Gebrauch erläutert werden.

Der Versuch einer abschließenden Beantwortung der Frage sowie ein Fazit des Ganzen beendet meine Arbeit.

---

[1] Vgl. Diemel, Christa: Adlige Frauen im bürgerlichen Jahrhundert. Frankfurt am Main 1998, S. 16.
[2] Das Buch wurde von Jan Hirschbiegel und Werner Paravicini im Jahr 2000 veröffentlicht.
[3] Allgemeine Literatur zum Thema „Frauen im Mittelalter" gibt es u.a. von Shulamith Shahar, Erika Uitz, Edith Ennen oder auch von Frau Pernoud.

2. Auflistung des Inventars

Die Quelle ist Teil des Aufsatzes „Das Österreichische Frauenzimmer" von Beatrix Bastl. Dieser Aufsatz befindet sich im Buch „Das Frauenzimmer. Die Frau bei Hofe in Spätmittelalter und Früher Neuzeit" von Jan Hierschbiegel und Werner Paravicini. Eine kritische Edition dieser Quelle sowie eine Quellenkunde sind nicht vorhanden.

Aufgrund ihrer Besonderheit kann die Quelle keiner bestimmten Gattung zugeordnet werden. Das bedeutet, dass aufgrund der verschiedenen Elemente, die diese Quelle besitzt, keine konkrete Einordnung möglich ist. Es kann festgehalten werden, dass das Inventar in Form einer Liste verfasst wurde, die eine grobe Einteilung in Schmuck, Kleidung und Haushaltsgegenstände aufweist. Diese Auflistung erinnert an eine Rechnung, da in der Quelle bei einigen Objekten der Geldwert in Gulden bzw. Kronen aufgelistet ist.

Franz Graf und Freiherr von Thurn und Valsassina nennt in der Quelle den Mai des Jahres 1559[4] als Entstehungszeitraum, in dem er das Inventar seiner Tochter auflistete. In ihrem Aufsatz stellt Frau Bastl die nicht begründete Behauptung auf, dass der Vater das Inventar erst nach der Hochzeit seiner Tochter auflistet.[5] Hier wird deutlich, dass in der Forschung die Datierung erst nach 1568 angesetzt wird und nicht 1559 wie in der Quelle. Man muss feststellen, dass Franz von Thurn und Valsassina zu Beginn seiner Auflistung den Ehenamen seiner Tochter„ von Hardegg" verwendet. Damit ist nicht ausgeschlossen, dass zumindest der erste Teil der Quelle nach der Heirat niedergeschrieben wurde. Aufgrund dieses Widerspruches kann keine eindeutige Datierung festgestellt werden.

Die Quelle handelt von der Ausstattung der Anna Maria von Thurn und Valsassina als Hofdame. Als Verfasser der Quelle listet ihr Vater Franz Graf und Freiherr von Thurn und Valsassina dabei das Inventar auf, welches er seiner Tochter mitgibt. Am Anfang der Quelle befindet sich eine Einweisung des Vaters, in der er das Inventar klassifiziert und gleichzeitig erwähnt, bei welcher Königin seine Tochter ihr Amt annimmt. Es handelt sich um die Königin von Böhmen. Beatrix Bastl beschreibt in ihrem Aufsatz, dass mit dieser Königin „Maria von Spanien, die Gemahlin

---

[4] „letzten maÿ im 1559t (en) jar" lautet die Originalbezeichnung der Quelle.[5] Leider gibt Frau Bastl keine Quellenangabe zu dieser Behauptung ab.
[5] Leider gibt Frau Bastl keine Quellenangabe zu dieser Behauptung ab.

Maximilians II. gemeint ist."[6] Zuletzt bittet er Gott ihr seine Gnade weiter zu verleihen. Nachdem der Vater das Inventar, welches im weiteren Verlauf der Arbeit genauer erläutert wird, auflistet, wendet er sich im letzten Abschnitt der Quelle an seine Tochter. Er gibt ihr Verhaltensanweisungen, die sie am Hof befolgen soll: Zunächst soll sie fleißig sein und stets ihrer Arbeit als Hofdame nachgehen. Darunter zählt er unter anderem das tägliche Beten, keine Diffamierung anderer sowie die Treue und der Gehorsam gegenüber ihrer Königin. In Bezug auf ärmere Menschen soll sie hilfsbereit agieren und Verständnis für ihre Not aufzeigen. Außerdem soll sie mit Bedacht handeln.

Hinsichtlich der Kommunikation zwischen der Tochter und den Eltern fordert ihr Vater Anna Maria auf, Ihnen oft Briefe zu schreiben. Zuletzt erinnert er sie an seine Belehrung und zeigt auch hier nochmals die Parallele zu Gott auf, der sie nicht allein lassen würde, wenn sie sich an seine Weisungen hält. Er verabschiedet sich in der vorletzten Zeile als treuer Vater und nennt zum Abschluss seinen vollständigen Namen.

Es wird deutlich, dass damit bestimmte Normen und Verhaltensweisungen seitens des Vaters an seine Tochter gestellt werden, die zu einer dauerhaften Integration am Hofe führen sollen. Es ist ihm wichtig, dass seine Tochter am Hofe ein gutes Benehmen aufzeigt und dabei ihre Religion als Amtsträgerin ausübt.

Um ein besseres Verständnis von der Quelle zu erhalten, ist es notwendig das ihr mitgegebene Inventar in Sachgruppen zu unterteilen. An erster Stelle wird ersichtlich, dass eine reichliche Menge an Schmuck mitgegeben wurde. Den größten Anteil der Ausstattung bilden die Kleidungsstücke. Die restlichen Auflistungen können unter der Rubrik „Haushaltsgegenstände" zusammengefasst werden.

Im Zusammenhang mit dieser Ausstattung, die Anna Maria von Thurn und Valsassina mit an den Hof nimmt, stellt sich die Frage, wie die zukünftigen Amtsträgerinnen an den Hof kamen. Zunächst ist festzuhalten, dass auf dem Weg an den Hof meistens die Familien der Töchter mit involviert waren. Das bedeutet, dass die „Position und die Interessen der Familien bei dem Bemühen, in den Hofdienst zu

---

[6] Vgl. Bastl, Beatrix: Das Österreichische Frauenzimmer. In: Das Frauenzimmer: Die Frau bei Hofe in Spätmittelalter und Früher Neuzeit. Hrsg. von Jan Hirschbiegel, Werner Parvicini. Sigmaringen 2000, S. 366.

treten, eine erhebliche Rolle spielten"[7]. Dabei war es wichtig, dass die Familien bereits in die höfische Gemeinschaft eingebettet waren und über Beziehungen zu wichtigen Funktionsträgern verfügten. Allerdings gilt es zu erwähnen, dass sehr viele adlige Familien versuchten, ihren Töchtern dieses Amt zu vermitteln. Folglich gab es Wartelisten, die das herrschende Interesse an diesem Amt verdeutlichen[8]. Aus diesem Grund waren eine vertraute Umgebung zum Hofstaat und die Empfehlung einer weiteren Person sehr wichtig. Weitere Wege, um an den Hof zu gelangen, waren Beziehungen der Anwärterinnen zu Freundinnen, die bereits am Hof agierten[9] oder die Berufung der Hofdamen durch den Kaiser bzw. die Kaiserin[10]. Allerdings waren diese beiden Varianten seltener vertreten.

Vor diesem Hintergrund sei noch einmal Bezug auf die in der Quelle angesprochene Anna Maria von Thurn und Valsassina genommen. Sie wurde 1540 als Tochter von Franz Nappus Reichsgraf von Thurn und Valsassina und Anna Ludmilla Berka von Ronov-Dubé geboren. Sie wird 1559 in den Hofstaat der Königin von Böhmen aufgenommen[11]. Hier soll sie die Position der Hofdame besetzen. Sie heiratet 1568 den Reichsgrafen Heinrich Prüschenk zu Hardegg auf Glatz und im Machland, Rötz und Schmida, mit dem sie 1565 und 1568 2 Kinder bekommt. Anna Maria stirbt am 13. 10. 1597.

3. Die Ausstattung der Anna Maria von Thurn und Valsassina

3.1. Schmuck

Wie im vorhergehenden Punkt bereits angedeutet, beginnt Franz von Thurn und Valsassina seine Auflistung mit den Schmuckstücken. Größtenteils überwiegen hierbei die „rosll" bzw. „rösll". Dabei handelt es sich um Edelsteine, die die Gestalt einer Rose annehmen. Die Rosen besaßen verschiedene Farben und Formen. In der Quelle findet man sie beispielsweise in rot und weiß sowie in kleiner und großer Ausformung. Die Edelsteine hatten zunächst die Funktion als Haarschmuck zu

---

[7] Keller, Katrin: Hofdamen: Amtsträgerinnen im Wiener Hofstaat des 17. Jahrhunderts. Wien, Köln, Weimar 2005, S. 33.

[8] Ebd. S. 39.

[9] Diemel, Christa: Adelige Frauen im bürgerlichen Jahrhundert. Frankfurt am Main 1998, S. 16.

[10] Keller, Katrin: Hofdamen: Amtsträgerinnen im Wiener Hofstaat des 17. Jahrhunderts. Wien, Köln, Weimar 2005, S. 41.

[11] Vgl. Bastl, Beatrix: Das Österreichische Frauenzimmer. In: Das Frauenzimmer: Die Frau bei Hofe in Spätmittelalter und Früher Neuzeit. Hrsg. v. Jan Hirschbiegel, Werner Parvicini. Sigmaringen 2000, S. 366.

dienen und desweiteren Kleidungsstücke wie Mäntel oder Kleider zu verzieren.[12] Aufgrund der großen Anzahl sowie der vielfältigen Ausführungen dieser Edelsteine kann eine gewisse Vorliebe hierfür angeführt werden. Der in der Quelle oft verwendete Begriff des Kleinods bezeichnet Schmuckstücke, die meist als Anhänger von Ketten, diversen Armbändern und Gürteln dienten[13] und einen dekorativen Charakter besaßen.

Darüber hinaus zählten zum Inventar vor allem Ketten, Gürtel, Armbänder sowie einige Ringe, welche ebenfalls mit Perlen verziert waren. Trotz ihrer nicht so großen Anzahl hatten diese Gegenstände eine repräsentative Funktion zu erfüllen. Je mehr davon vorhanden war, umso abwechslungsreicher konnte sie sich kleiden und nebenbei ihren Vater als Ausstatter darstellen. Es wird anhand der Auflistung deutlich, dass eine gewisse Vielfältigkeit bezüglich des Schmucks existierte.

Ein weiterer persönlicher Gegenstand, der Anna Maria von Thurn und Valsassina mitgegeben wurde, ist ein korallenfarbiger Paternoster, welcher die Aufforderung des Vaters akzentuiert, ihrem Glauben nachzugehen.

Bei den sich im Inventar befindenden Ringen kann von einer Weitergabe von Erbstücken innerhalb der Familie ausgegangen werden. Die Ringe waren vor allem persönliche Gegenstände mit einer speziellen Bedeutung, wie eine Erinnerung an eine Person sowie an einen speziellen Anlass.

Das Tragen von Schmuck veranschaulichte den Wohlstand der Familie der Hofdame. Von ihr wurde eine repräsentative Kleidung erwartet, sowohl im Alltag als auch bei gehobenen Anlässen. Schmuck diente darüber hinaus dazu, die Persönlichkeit sowie dessen „soziale Zugehörigkeit" auszudrücken.[14]

3.2. Kleidung

Der Kleidungsbestand stellt innerhalb des Inventars den größten Anteil dar. Bastl behauptet in ihrem Aufsatz, dass dieser Bereich bisher nur bedingt erforscht

---

[12] Vgl. Bastl, Beatrix: Das Österreichische Frauenzimmer. In: Das Frauenzimmer: Die Frau bei Hofe in Spätmittelalter und Früher Neuzeit. Hrsg. v. Jan Hirschbiegel, Werner Paravicini. Sigmaringen 2000, S. 367.

[13] Vgl. Kurzel- Runtscheiner, Monica: Glanzvolles Elend. Die Inventare der Herzogin Jacobe von Jülich-Kleve-Berg(1558-1597) und die Bedeutung von Luxusgegenständen für die höfische Frau des 16. Jahrhunderts, Wien 1993, S.62.

[14] Vgl. Vavra, Elisabeth: Schmuck im Westen. In: Bautier, Robert- Henri/u.a.(Hrsg.): Lexikon des Mittelalters. Band 7. München 1995, Sp. 1508-1510.

wurde.[15] Es existieren sowohl Oberkleider als auch Nachthemden. Sie stellten „eines der wichtigsten Elemente der weiblichen Kleider dar".[16] Auch bei dieser Rubrik können wieder Verzierungen an den Kleidern festgestellt werden. Vor allem sei hervorgehoben, dass bestimmte kostbare Stoffe, wie beispielsweise Pelze, zur Fütterung von den Oberkleidern dienten. Eine weitere Auffälligkeit stellt die Anzahl der „Schauben", also der Oberkleider dar. Laut Inventur-Liste erhielt Anna Maria von Thurn und Valsassina vier dieser Schauben. In der Literatur wird diese Anzahl als Höchstanzahl gedeutet, die man mitbekommen konnte. Durch die Anzahl der Schauben wurde folglich der Stand und das Vermögen ausgedrückt[17].

Ein weiterer Bestandteil des Kleidungsinventars stellt die Unterkleidung dar, zu der meist diverse Röcke und Miederkleider gehörten. Über diese „hemdartigen Kleidungsstücke"[18] zog man meistens Überkleider. Vor allem wird bei dieser Kategorie deutlich, dass die Kleider aus wertvollen Stoffen entstanden, zu denen eine gewisse Vorliebe vorhanden war, da sie in der Ausstattung oft Erwähnung finden. Dazu zählen neben den vorhin genannten Pelzen vor allem Samt-, Taft-, Seiden- und Damaststoffe. Um deren Wert als auch das Ansehen der einzelnen Stoffkleidungsstücke zu erhöhen, wurden auch diese durch verschiedene Materialien geschmückt. Allerdings muss auch an dieser Stelle betont werden, dass die historische Kleidungsforschung bei der Übersetzung dieser Stoffe keine Sicherheit vorgibt. In Aufsätzen, die sich teilweise diesem Thema widmen, können über die Bedeutung sowie über die genaue Übersetzung der Kleidung nur Vermutungen aufgestellt werden.

Bei der Betrachtung der Farben der Kleider fällt auf, dass vor allem bei den Oberkleidern eine Vorliebe für die Farbe schwarz vorhanden war. Eine mögliche Begründung hierfür könnte die Verhinderung von Blicken auf die darunter liegende Kleidung sein.

Eine letzte Kleidungsform, die häufiger Erwähnung findet, sind Kopfbedeckungen, wie beispielsweise Hauben aus verschiedenen Stoffen. Kopfbedeckungen erfüllten

---

[15] Vgl. Bastl, Beatrix: Das Österreichische Frauenzimmer. In: Das Frauenzimmer: Die Frau bei Hofe in Spätmittelalter und Früher Neuzeit. Hrsg. v. Jan Hirschbiegel, Werner Parvicini. Sigmaringen 2000, S. 368.
[16] Vgl. Kurzel- Runtscheiner, Monica: Glanzvolles Elend. Die Inventare der Herzogin Jacobe von Jülich- Kleve- Berg, Wien 1993, S. 28.
[17] Ebd. S. 38.
[18] Vgl. Jaritz, Gerhard: Unterkleidung. In: Bautier, Robert- Henri/u.a. (Hrsg.): Lexikon des Mittelalters. Band 8. München 1995, Sp. 1269- 1270.

unter anderem die Funktion als „Würde- und Statussymbol"[19] zu dienen. Sie stellten die häufigste Form der Kopfbedeckungen dar.

Es wird auch bei dieser Kategorie deutlich, welche große Diversität hier existiert. Es wird darauf geachtet, dass verschiedene Kleiderarten mitgegeben werden, von denen dann wiederum eine reichliche Auswahl mit verschiedenen Verzierungen besteht. Auch hier kann, vor allem durch den Fakt, dass diese Sachgruppe die größte des Inventars darstellt, ein besonderes Interesse an den Kleidern festgestellt werden. Vor allem konnte durch diese Kleidung das Wiederspiegeln „sozialer Unterschiede nicht verhindert werden"[20]. Es ging also auch hier wieder um eine vornehme Darstellung der Tochter.

3.3. Haushaltsgegenstände

Betrachtet man diesen Bereich genauer, so fällt auf, dass sich darunter viele verschiedene Gegenstände befinden, die dem alltäglichen Gebrauch dienen. Zunächst ist erkennbar, dass sich viele persönliche Gegenstände hierunter befinden, wie beispielsweise Hand- und Badetücher, Bettlaken, Bademäntel, Tischdecken und sogar Servietten. Ihr Vater gibt ihr auch ein zu den Bettutensilien passendes Reisebett mit. Mit diesem sehr individuellen Gegenstand denkt er an ihr Wohlergehen. Innerhalb dieser Kategorie bildet das mitgegebene Geschirr aus Zinn und Silber eine weitere Untergruppe. Hierunter befinden sich Schüsseln, Kannen, Leuchter, silbernes Besteck sowie ein Salzfass. Zu diesen sehr alltäglichen Gebrauchsgegenständen befindet sich zusätzlich ein Handwaschbecken im Inventar. Auch anhand dieses Utensils wird ebenfalls eine gewisse persönliche Individualität seitens des Vaters verdeutlicht.

Aus diesem aufgezeigten Inventar ist deutlich zu erkennen, dass Franz von Thurn und Valsassina aufgrund der Fülle und Vielfalt sehr genau an das Erscheinungsbild seiner Tochter gedacht hat. Es wird sichtbar, dass er sowohl an alltägliche Gebrauchsgegenstände als auch an feine und wertvolle Kleidung, die dem Leben am Hof angemessen ist und zuletzt den Schmuck als repräsentatives und verzierendes Accessoire gedacht hat. Diese sollen das Aussehen der Tochter aufwerten und sie

---

[19] Vavra, Elisabeth: Kopfbedeckungen. In: Bautier, Robert- Henri/u.a. (Hrsg.): Lexikon des Mittelalters. Band 5. München 1995, Sp. 1436- 1437.

[20] Schneider, Joachim: Kleiderordnung. In: Bautier, Robert-Henri/ u.a. (Hrsg.): Lexikon des Mittelalters. Band 5.München 1995, Sp. 1197-1198.

vor allem angemessen erscheinen lassen. Ein weiterer Aspekt, den es zu erwähnen gilt, ist der Wert der Ausstattung, der dem eines Heiratsgutes entsprach[21].Dies wird erkennbar, wenn man vor allem bei den Schmuckstücken den hohen materiellen Wert betrachtet. Der Fakt, dass Franz von Thurn und Valsassina das Inventar mit dem eines Hochzeitsgutes gleichsetzt, zeigt die hohen Anforderungen an Luxus, die für den Hofantritt erfüllt sein mussten. Dieses Konsumverhalten diente der sozialen Interaktion und war damit notwendig für seine Tochter. An dieser Stelle wird erkennbar, dass diese Utensilien benötigt werden, „um sich innerhalb einer bestimmten sozialen Schicht zu behaupten"[22]. In diesem Zusammenhang soll Anna Maria anhand dieses Inventars ihr eigenes Ansehen als auch das der Familie repräsentieren und sich dabei Rang und Ehre verschaffen.

4. Fazit

Eingangs wurde die Frage nach der Ausstattung von Anna Maria von Thurn und Valsassina gestellt. Hierzu lässt sich abschließend festhalten, dass ihr Vater ihr ein umfangreiches Inventar an Schmuck, Kleidern und Haushaltsgegenständen mitgibt, welches ihr ein vielfältiges Erscheinungsbild ermöglichen soll. Darunter finden sich viele persönliche sowie alltägliche Gegenstände, die Anna Maria den Alltag am Hof erleichtern und die Erinnerung an ihre Familie bewahren sollen. Dieses sehr vielfältige und umfangreiche Inventar hatte einen hohen Wert, was letztendlich der Integration der Tochter am Hof diente. Das in der Einleitung erwähnte „repräsentative Auftreten" soll durch dieses Inventar ermöglicht werden. Gleichzeitig soll es ebenfalls der Repräsentation des Ansehens der Familie dienen. Diese Ausstattung ermöglicht Anna Maria von Thurn und Valsassina ihren gehobenen Status in der Gesellschaft auszudrücken und gleichzeitig die hohen Luxusanforderungen, die an die zukünftigen Hofdamen gestellt wurden, zu erfüllen.

---

[21] Vgl. Bastl, Beatrix: Das Österreichische Frauenzimmer. In: Das Frauenzimmer: Die Frau bei Hofe in Spätmittelalter und Früher Neuzeit. Hrsg. v. Jan Hirschbiegel, Werner Parvicini. Sigmaringen 2000, S. 367.
[22] Vgl. Bastl, Beatrix: Weder Fisch noch Fleisch: Wenn alle Gaben zwischen symbolischem und realem Kapital schwanken. In: Luxus und Integration. Materielle Hofkultur Westeuropas vom 12. bis zum 18. Jahrhundert. Hrsg. von Werner Paravicini. München 2010, S. 126.

5. Quellen - und Literaturverzeichnis

I. Quellen:

Bastl, Beatrix: Das österreichische Frauenzimmer. In: Das Frauenzimmer. Die Frau bei Hofe in Spätmittelalter und Früher Neuzeit. Hrsg. von Jan Hirschbiegel , Werner Paravicini. Sigmaringen 2000, S. 355-375.

II. Literatur:

Bastl, Beatrix: Weder Fisch noch Fleisch: Wenn alle Gaben zwischen symbolischem und realem Kapital schwanken. In: Luxus und Integration. Materielle Hofkultur Westeuropas vom 12. bis zum 18. Jahrhundert. Hrsg. von Werner Paravicini. München 2010, S. 123- 138.

Diemel, Christa: Adelige Frauen im bürgerlichen Jahrhundert. Frankfurt am Main 1998.

Jaritz, Gerhard: Unterkleidung. In: Bautier, Robert- Henri/u.a. (Hrsg.): Lexikon des Mittelalters. Band 8. München 1995, Sp. 1269- 1270.

Kurzel- Runtscheiner, Monica: Glanzvolles Elend. Die Inventare der Herzogin Jacobe von Jülich- Kleve- Berg. Wien 1993.

Keller, Katrin: Hofdamen: Amtsträgerinnen im Wiener Hofstaat des 17. Jahrhunderts. Wien, Köln, Weimar 2005.

Schneider, Joachim: Kleiderordnung. In: Bautier, Robert-Henri/ u.a. (Hrsg.): Lexikon des Mittelalters. Band 5.München 1995, Sp. 1197-1198.

Vavra, Elisabeth: Schmuck im Westen. In: Bautier, Robert- Henri/u.a.(Hrsg.): Lexikon des Mittelalters. Band 7. München 1995, Sp. 1508-1510.

Vavra, Elisabeth: Kopfbedeckungen. In: Bautier, Robert- Henri/u.a. (Hrsg.): Lexikon des Mittelalters. Band 5. München 1995, Sp. 1436- 1437